Anna Bacher Graf
Drei Träume

Anna Bacher Graf

DREI TRÄUME

Eine spirituelle Gedankenreise

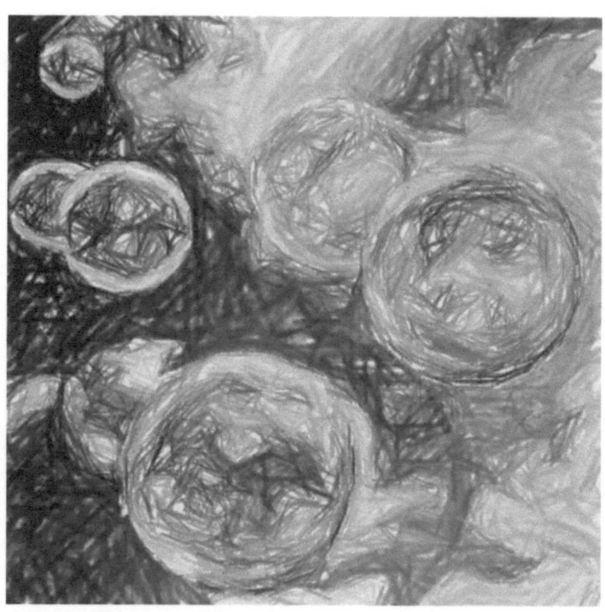

2. Auflage
© 2025 Anna Bacher Graf
Layout & Design: Gabi Winck

Verlag: BoD · Books on Demand GmbH, In de Tarpen 42, 22848 Norderstedt, bod@bod.de

Druck: Libri Plureos GmbH, Friedensallee 273, 22763 Hamburg

ISBN: 978-3-7693-1315-4

„Ich glaube für alle Menschen in der Welt ist das Wichtigste, den Mut zu großen Träumen aufzubringen."

(Golda Meir, †1978)

"I arati che al sides por dötes les porsones sön chësc monn dër important, da avëi le coraje por de gragn somi."

(Golda Meir)

Vom Schreiben

Wenn du etwas auf dem Herzen hast, das du niemandem anver-

trauen kannst

oder möchtest, dann

SCHREIB!

Schreib es dir von der Seele!

Mach dir Notizen!

Verfasse einen Brief

oder lege dir ein Tagebuch an!

Egal wie – in welcher Form auch immer.

Aber SCHREIB!

Schreiben befreit.

Schreiben hilft.

Schreiben heilt.

„Wer liest heute noch Gedichte? Niemand vermag sich mehr daran zu begeistern. Und doch kann ein Gedicht ein Feuer entfachen, das dem der Liebe ebenbürtig ist. Dabei wäre ein Gedicht weit besser geeignet, den Geist zu ‚erheben', als ein Glas Whisky, als Valium oder Prozac, eben weil es uns die Welt von einer höheren Warte aus beobachten lässt. Wenn man sich einsam fühlt, sind schöne Verse eine angenehmere Gesellschaft als ein eingeschalteter Fernseher!"

(Terzani, Tiziano: Fliegen ohne Flügel)

Bild: Marianne Mair, Sarns/ Brixen/ Südtirol

Drei Träume hab ich,

sagte der kleine Junge

zum alten Mann.

Seine Augen strahlten

und sein kindliches Lachen füllte den Raum.

Ich möchte zum Mond fliegen,

Olympiasieger will ich auch werden

und auf unserem Planeten Erde

darf es keinen Hunger,

keinen Hass

und keinen Krieg mehr geben.

Träume sind Schäume,

erwiderte der alte Mann.

Sie sind Zeitverschwendung,

sind unwichtig,

sind bedeutungslos.

Da rückte im kleinen Jungen der Mond in weite Ferne

und sein Traum vom Olympiasieger verblasste.

Trommelfeuer und Schreie drangen an seine Ohren.

Das Feuer in seinen Augen erlosch

und sie blickten leer.

Ich widme dieses Buch **Dir**.

Möge sich **Dein Traum** erfüllen.

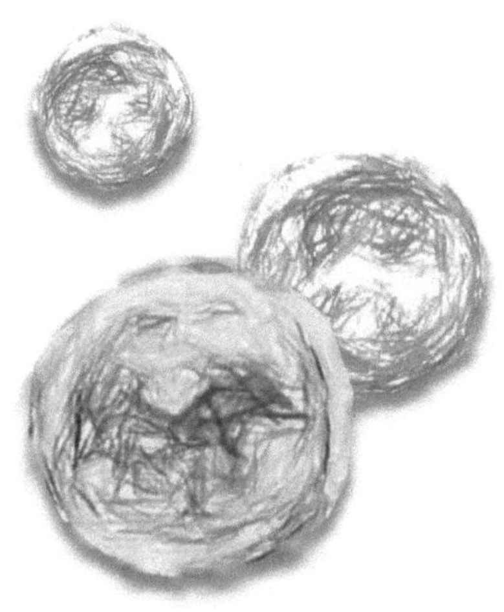

Schreiben

Jeder hat seine eigene Art
sich mitzuteilen:
Der eine singt,
der andere malt,
ein anderer tobt!
Einer schweigt.
Einer verurteilt,
einer verteidigt.
Einer klagt an,
der andere tröstet.
Und wieder ein anderer schreibt.
Für mich bedeutet **Schreiben**
den Kontakt herstellen
zu mir selbst,
zu einer Quelle,
die nie versiegt,
die sich aus einem tiefen, inneren Bedürfnis heraus speist,
sich aussöhnen will.

Schreiben ist erzählen,
um alles dann
einen Augenblick nach dem anderen
loszulassen.

Schreiben ist eine Kraft,
eine Energie,
ein Vorwärtsdrängen,
ein Dokumentieren,
ohne Rücksicht auf den Publikumsgeschmack.
Es ist ein Fließen, eine Therapie, ein Drehbuch,
ein Schlüssel zu verborgenen Türen.
Schreiben ist wie Reden,
ein Beziehungsschlüssel,
oder:
wie **Max Frisch** sagt:
„Schreiben heißt: sich selber lesen."

Vorwort

So wie diesen kleinen Jungen im vorhergehenden Gedicht: "Drei Träume",
so begleiten auch uns alle unsere kleinen und großen Traumblasen durch
das Leben. Bunte Träume, die vorbeiziehen und sich wie ein Serotonin-
rausch anfühlen. Sie tanzen vor unseren Augen wie bunte Schmetterlinge,
erscheinen als große Fragezeichen. Wie bunte Luftballons wiegen sie sich
im Winde, streifen unsere Haare, lassen sie sich treiben und lösen sich
dann in fernen Himmeln auf. Wie schillernde Seifenblasen schmiegen sie
sich an unsere Körper, platzen daraufhin, verdunsten im Nichts und been-
den dann ihr kurzes Leben. Manche dieser Träume habe ich im Laufe der
Zeit beiseitegelegt und sie sind dann langsam zu feinem Staub zerfallen,
weil ich mich ent-mutigen ließ und mir dann der Wille, die Ausdauer und
die Kraft zu deren Verwirklichung gefehlt haben. Es war die Angst, die mir
zu schaffen machte, die Angst zu versagen, die Angst das Risiko einzuge-
hen, denn.... Wenn ... -ja, wenn? Doch die Erfahrung lehrt und tröstet:
Nicht alle Träume müssen gelebt, müssen Wirklichkeit werden, manche
bleiben lieber dort, wo sie sind, nämlich im Kopf oder im Nirgendwo. Das
ist auch eine Lösung, manchmal sogar eine Erlösung. Darum „träume"
weise, folge weise und bedacht Deiner inneren Stimme! Lass Deine
„Träume" im Vertrauen los und tu ihnen keinen Zwang an! Erbitte Dir den
göttlichen Segen, damit sie zu Deinem seelischen und geistigen Wachstum
beitragen mögen. Und so kann es dann tatsächlich passieren, dass der
eine oder andere vergessene Traum sich zum richtigen Zeitpunkt wieder
meldet, wieder lebendig wird, manchmal gerade dann, wenn Du am we-
nigsten damit rechnest. Anfangs ist es ein zaghaftes Anklopfen an eine
Erinnerung an vergangene Zeiten. Wie eine schimmernde Perle kommt
dieses verloren geglaubte Traumbild auf der Oberfläche des Wassers da-
her geschwommen, schlängelt sich an vergangenen Erlebnissen vorbei um
dann, ganz unerwartet wieder Wirklichkeit zu werden.

Kennst Du das auch?

Ein Leben lang begleiten uns also Wünsche, Sehnsüchte und Hoffnungen.
Sie sind der Motor, sie sind die Energie, die uns antreiben. Niemand kann
es uns verwehren oder uns daran hindern zu träumen, wie dies im Gedicht
vom kleinen Jungen mit dem alten Mann geschehen ist. *„Träume sollte*

man nicht ins Pensionsalter verschieben", sagt *Barbara Lobis Ploner* in *Bergbäuerin Barbara denkt - fühlt - handelt anders.*

Mit dieser Äußerung wird sie wohl recht haben.

Ich denke gerne an meine Kindheit zurück. Manchmal legte ich mich auf die grüne Wiese, sah dem Wolkengebilde nach, erkannte darin Phantasiebilder und ließ mich davontragen. Ich schwebte auf Wolke sieben, befand mich in einem Traumland, in einem Zustand des Glücks und vergaß die Welt um mich herum. Welch wohliges Gefühl! Kinder brauchen solche Tagträume, sie sollten ihren Fantasien nachhängen dürfen. Das ist keine Zeitverschwendung.

Ja, wie arm wären wir Menschen ohne unsere Träume, ohne unsere Ideen, ohne unsere Visionen! Gott hat uns Menschen die Gnade zum Träumen, die Gabe der Phantasievorstellungen mitgegeben, geschenkt. Wir sollten diese Gabe der Vorstellungskraft wertschätzen und nutzen. Ja, wir dürfen träumen! Das gehört zum Menschsein, zum Leben dazu. Träume sind etwas Wunderbares, sie beflügeln uns, sprengen Grenzen, reißen Mauern nieder, zeigen ungeahnte Möglichkeiten auf. Sie sind Weckrufe unser Leben bunt zu gestalten. Sie besitzen eine produktiv gestaltende Kraft, sie sind die Quelle zur Kreativität, die aus unserem Innern entspringt und sich nach außen verströmt, sind Tore in eine andere Welt. Sie sind keine Zeitverschwendung, kein sentimentales Zeug. Sie gehören zu unserer so genannten „realen Welt" dazu. Sie ermutigen uns, neue Wege einzuschlagen, Neues zu wagen. Unsere Seele braucht diesen Raum zum Träumen und diesen Raum sollten wir ihr gewähren.

Das Leben schreibt Deine Geschichte, aber Du hast den Stift in der Hand. *„Nimm die bunten Lebensstifte in die Hand und male daraus die schönsten Bilder"* singt die deutsche Band Unheilig. (Song „Lebensstift", Album „Puppenspiel", 2008) und *Tolstoi* drückt es so aus: *„Ein großer Gedanke kennt keine Grenzen."* Ein anderes Sprichwort geht in dieselbe Richtung: *„Wer wagt, gewinnt."*

So hofft und träumt der Blinde, eines Tages doch noch das Sonnenlicht erblicken zu können, der Kranke, dass er gesund wird und der Taube, dass er hören kann.

In unseren Nachtträumen, die von großer Bedeutung für Problembewältigungen sind, zeigen sich oft unsere ungelebten Wünsche, schlummern nicht selten die Lösungen, nach denen wir sonst vergeblich suchen.

Diesen Träumen sollten wir Beachtung schenken. Sie ermahnen uns, sich mit unseren Sehnsüchten und Wünschen auseinanderzusetzen und sich mit ihnen zu beschäftigen.

So hatte beispielsweise *Erwin Thoma* nach einem intensiven Traum die Lösung für den Bau energieautarker Häuser, genannt „Holz 100", gefunden. *Albert Einstein* ging schlafen, wenn er keine Lösung für seine hoch komplizierten mathematischen Gleichungen fand, er wusste, am nächsten Morgen würde ihm die Antwort in den Sinn kommen. *Michael Patrick Kelly*, irisch-US amerikanischer Sänger, Musiker, Songwriter und Friedensaktivist: *„Ich hatte einen Traum, in dem ich einen Engel gesehen habe, der frei herumfliegen konnte. Das gefiel mir, ich hätte das auch gerne gekonnt."* *(Interview SRF, 30.05.2022).* Im Alter von 15 Jahren schrieb er in Anlehnung an diesen Traum den Song: „*An Angel*", der 1994 für die Kelly Familie den kommerziellen Durchbruch bedeutete. Er schrieb ihn für seine Mutter, die sehr früh an Brustkrebs gestorben war.

Aus der *Bibel* kennen wir die Geschichte vom Traum der Heiligen Drei Könige, nämlich nicht zu Herodes zurückzukehren. Eine Warnung, die sie befolgten. Auch Josef wurde im Traum von einem Engel befohlen, nach Ägypten zu ziehen.

Der Traum vom Fliegen, den *Leonardo da Vinci* (†1519) hatte, wurde zu einer langen Zeitreise, aber letztendlich wurde er Wirklichkeit und nahm Gestalt an.

Der Baptistenpastor, Bürgerrechtler und Friedensnobelpreisträger *Martin Luther King* ((†1968) war ein großer Visionär und gilt als einer der herausragendsten Vertreter im gewaltfreien Kampf gegen Unterdrückung und soziale Ungerechtigkeit. Er propagierte den zivilen Ungehorsam, einen beschwerlichen, mit vielen Hindernissen und Stolpersteinen gepflasterten Weg. Durch seinen Einsatz und seine Wirkkraft wurde das uneingeschränkte Wahlrecht für die Bevölkerung in den Südstaaten der USA eingeführt und die Rassentrennung aufgehoben.

Für *Papst Franziskus* bedeutet träumen, *„Türen zur Zukunft zu öffnen."*

Oder denken wir über die Vision von *Mahatma Gandhi* (†1948) nach: Er machte Indien zu einem unabhängigen Land, befreite viele Menschen aus dem Kastensystem und sorgte für Frieden. Der Wohltäter wurde jedoch erschossen, weil einigen seine Friedensvorstellungen nicht passten. Seine Ideologie wird auf dieser Welt jedoch über alle Zeiten hinweg existieren und weiterleben.

Unsere Träume, unsere Visionen spielen also beim Würfelspiel des Lebens entscheidend mit und wie beim Würfeln selbst, können sie uns zu einem Sechser verhelfen.

Thoreau (†1862) schreibt in seinem Buch *„Walden": „Wenn jemand vertrauensvoll in der Richtung seiner Träume vorwärtsschreitet und danach strebt, das Leben, das er sich einbildet zu leben, so wird er Erfolge haben, von denen er sich in gewöhnlichen Stunden nichts erträumen ließ."*

Eugenie Jonèsco (†1994) drückt es so aus:
„Die Freiheit der Fantasie ist keine Flucht in das Unwirkliche. Sie ist Kühnheit und Erfindung."

Max Silbernagl fordert dazu auf, der Spur der Träume zu folgen. Im sich ständig drehendem Rad vergisst man sie leider oft viel zu schnell.

Sarah Volgger aus Pfunders, die ich kürzlich kennen lernen durfte und für die ich große Wertschätzung empfinde, hat sich beispielsweise 2021 ihren Traum von einer eigenen Töpferwerkstatt erfüllt und ist ihrer Liebe und Leidenschaft zum Gedichte-Schreiben gefolgt. (Gedichtband von Sarah Volgger, 2022)

Auch *Eduard Mutschlechner* aus Vahrn hat sich den Traum eines freischaffenden Künstlers erfüllt.

„Unsere Sehnsüchte sind unsere Möglichkeiten."
Robert Browning, († 1889)

Sigmund Freud ist überzeugt:
„Träume sind der Königsweg zum Unterbewusstsein."

Liebe Leserin, lieber Leser, ich wünsche Dir, dass Du nie aufhören mögest zu träumen, zu hoffen und zu wagen. Ich wünsche Dir, dass Du Dir erlaubst, die innere und äußere Komfortzone manchmal zu verlassen, um Deinen Träumen zu folgen. Du bist auf dem richtigen Weg! Verlier nicht den Mut zu träumen, auch, wenn Du stolperst, auch, wenn Du Dich irrst, vergiss nicht, wieder aufzustehen und den Weg weiter zu gehen. Du bist richtig, so wie Du bist! Lass die Angst, die Dich am Weg hindert, los. Vor allem aber wünsche ich Dir, dass Du den EINEN TRAUM, der schon lange in Deinem Kopf verankert ist und am Herdfeuer Deiner Seele nagt und brennt, verwirklichen kannst.

Gehe mutig Deinen Weg, hab keine Angst vor der Kritik anderer! Lass Dich nicht durch Selbstkritik lähmen!

Zuallerletzt aber wünsche ich Dir, dass doch vielleicht der eine oder andere Gedanke aus diesem Buch einen Funken in Dir entfachen möge, der Dich in deinem Streben vorantreibt, Dir manchen Impuls gibt, manchen Lichtblick, manchen Hoffnungsschimmer aufzeigt. Ich wünsche Dir, dass Du das Licht siehst, das am Ende eines jeden Tunnels leuchtet.

Ja, das wünsche ich Dir von Herzen.

„*Stark ist,*

wer mehr Träume hat,

als die Realität zerstören kann."

(Peter Maffay)

„Er lässt Gras wachsen für das Vieh,

auch Brot für den Menschen und Wein,
der das Herz erfreut."

(Psalm 104)

"Ël lascia crësce erba por i tiers,
pan por la jënt y inće vin che fej le chör ligherzin."

(Salm 104)

Und wir?

Unsere Erde weint.

Wir sind durch Nebelwolken gelaufen,

fliegen

viel zu hoch,

verlieren den Boden unter den Füßen.

Wollen nicht einsehen,

die zerstörerische Grenzenlosigkeit aufzugeben.

Birke im April

Der Himmel trägt noch Winterfarbe.

Nackt und kahl

reckt gegen den Himmel

sie die Arme,

verästelt sich

mit Grau,

Betrübnis und Nass.

An leblosen Ästen

tausend Regentropfen

hängen

und klammern sich.

Lichtblicke

für müde, träumende Augen.

Glänzende Kugeln,

das Licht der Sonne

in sich bergend,

auch die Farben des Regenbogens -

und die Hoffnung.

Birke im April-

So nah am Leben.

„Im Grunde des Herzens

eines jeden Winters

liegt ein Frühlingsahnen,

und hinter dem Schleier jeder Nacht

verbirgt sich ein lächelnder Morgen."

(Khalil Gibran)

Vorfrühling

Tropf, tropf, tropf,

Schneetauregen.

Die Sonne bricht sich

durch das winterliche Schweigen,

klettert an Bäumen empor,

tanzt durch die Frühlingsluft,

füllt sie mit wohliger Wärme.

Die Erde atmet süß und weich,

duftet nach Jugend, Leichtigkeit, Freiheit und Liebe.

Die Luft knistert,

riecht knusprig.

Ein Blick ins warme Nichts.

Pfützen am Wegesrand.

Vögel baden

in einem Traum

zerschmolzener Schneekristalle.

Kinderlachen. Eiskaffee.

Neubeginn.

Erste Frühlingsboten grüßen.

Ein stilles Glück.

Der Frühling klopft

ganz leis

an die verschlossene Tür.

Betörend

riecht es durch den Spalt.

Licht und Düfte

drängen nach draußen.

Süße, blumige Luft.

Angefüllt mit Düften,

die aus Blumen, Bäumen und Pflanzen fließen.

Sonnengold flimmert.

Einem Regenbogen gleich

umarmen sich die Farben.

Wie Hände,

zart und warm.

Wie tausend feine, zärtliche Berührungen.

Diese goldgelbe Weite

Es ist

als schrittest du

wie eine

goldne Fee

durchs weite Tal.

Ganz ohne Atem.

Geheimnisvoll

und unbeschwert.

Du leuchtest,

ruhst

und sprichst

das Auge an.

Und auch das Herz.

Du rührst die Seele.

Ich fühl

den Pulsschlag,

den diese Fülle

mir verleiht

und bleib

davon

ganz tief berührt.

<table>
<tr><td>

Tief verwurzelt ...

Tief verwurzelt in der Erde.

Fraglos wachsen wie der Baum.

Dem was einem begegnet,

biegsam standhalten.

Sich nicht unnötig widersetzen.

</td><td>

Radicato profondamente ...

Radicato profondamente nella terra.

Crescere indubitabile come l'albero.

A ciò che ci incontra

resistere flessibile.

Non opporsi inutilmente.

</td></tr>
</table>

Sommer

trägt die Glut

der Sonne

in sich,

geizt nicht

mit seinen Farben.

Verschwenderisch

geht er

mit ihnen um.

Sommer ist Leben.

Wachs und Eis,

weich und hart.

Beides schmilzt.

Feuer

bringt Wachs zum Schmelzen,

die Kraft der Sonne

das Eis.

Blätter im Wind.

Er nimmt sie von den Bäumen.
Nasse Blätter.
Glücksblätter
tanzen durch die bunte Jahreszeit.
In rostiges Gold getaucht,
als hätte die Sonne sich in ihnen verfangen.
Sie fallen.
Lautlos.
Aus fernen Himmeln.
Ein leises Gehen.
Ein Abschied der Natur in bunter Pracht.
Soweit das Auge reicht.
Ein leuchtender Teppich,
ein Farbenmeer.
Ich schreite über matschiges Laub.
Noch einmal glüht die Erde,
noch einmal flammt sie auf.
In goldgelben Weinbergen.
Eine Sinfonie aus Regenbogenfarben.
Eine Huldigung an die Fantasie.
Die Grillen tanzen
aus der Sonne heraus.
Lassen sich locken.
Nochmals.
Zu einem letzten Zikadenkonzert.
Denn morgen schon legt sich vielleicht
eine lange, kalte Nacht
auf die Welt.

Herbstwald

Der Wald, er zieht das Herbstkleid an.
Er blüht in voller Pracht.
In satten Farben,
wohin das Auge auch nur blickt.
Verschwenderisch.
Und alle Farben saugt das Auge ein,
bevor dann Kälte, Frost und Dürre ziehen ein.

Herbstblätterduft
liegt in der Luft.

Ein Hauch, der Herbst.
Er nimmt vom Baume nur
ganz sacht die volle, warme Pracht.
Wie Regen fällt sie dann,
die vorher noch am Baum gehangen.
Dann ist es Zeit.
Ein Mantel deckt ganz langsam alle Farben sanfte zu
und lässt sie ruhn.

Wir wissen vieles

Wir wissen –wie die Blume wächst,
doch die Blume bleibt ein Wunder.
Wir wissen—wie das Licht sich bricht,
doch das Licht bleibt ein Wunder.
Wir wissen –wie ein Mensch entsteht,
doch der Mensch bleibt ein Wunder.
Vieles wissen wir –von vielen Dingen.
Doch vieles bleibt ein Wunder.
Wir kratzen ständig am Wissen.
Je mehr wir also glauben zu wissen,
umso weniger wissen wir.

*„Das Leben besteht aus kleinen und großen Wundern, wir müssen sie nur erken-
nen. Das Leben ist nie eintönig, wenn wir offen für seine Wunder sind."*

(Coelho, Paulo: Maktub, S. 205)

Von Albert Einstein stammt der Ausspruch: *„Es gibt nur zwei Arten zu leben,
entweder so, als wäre nichts ein Wunder, oder so, als wäre alles ein Wunder."*

Entscheide selbst!

Drei Vögel im Schnee

Drei Vögel scharren hier im Schnee,

von Eis bedeckt der kleine See.

Der Sommer ist jetzt glatt vorbei

und leider auch die Schlemmerei.

Auf Diät haben sie sich umgestellt,

der Hunger sich zu ihnen gesellt.

Doch liebe Vögel **Eins, Zwei, Drei**,

der Winter ist gar bald vorbei.

Drum soll es euch auch nicht verdrießen,

der Frühling kommt, das Gras wird sprießen.

Dann wird der Hunger euch nicht mehr plagen,

weil es Futter gibt an allen Tagen.

Sonnengold

am Horizont

Träume aus Regenbogenfarben

der Himmel in Flammen

Farben-Zauber

Farbe

Tag,
der der Nacht folgt.
Licht,
das das Dunkel verdrängt.
Farbe,
die das Grau vertreibt.
In den Regentropfen
spiegelt
die Sonne
ihre volle Kraft
in Regenbogenfarben.
Ein Leuchten wie auf Wellen.
Ich atme.
Ich trinke das Feuer aus Gold und Nacht.

(Bild: Tag und Nacht)

Wind

Es gibt
Gesetzmäßigkeiten
in der Natur.
Energien fließen,
werden gelenkt
von magischer Kraft.
Windenergie wirbelt,
als sanft wehender Himmelsbote,
der die Samenkörner
in alle Himmelsrichtungen streut
und Fruchtbarkeit beschert.
Dann, der wilde Ritt der Windsbraut.
Schwer zu bändigen.
Er bewegt das Meer,
reißt die Wogen hoch,
bringt die Flut
und trägt die Worte fort.
Pause.
Windstille kehrt ein.
Die Winde schlafen.

Für lange Zeit.
Ruhe ist eingekehrt.

Unsere Erde weint

Wir sind durch Nebelwolken gelaufen,

fliegen

viel zu hoch,

verlieren den Boden unter den Füßen.

Wollen uns nicht bemühen,

die zerstörerische Grenzenlosigkeit aufzugeben.

Alles fließt, nichts bleibt.

(Heraklit von Ephesos)

Titel des Bildes: pantha rhei -alles fließt

(Luisa Kirchler, Kunstlehrerin, Mühlen/Taufers/Südtirol)

Alles, was wir haben, ist Zeit.

Selbst der, der nichts hat,

hat Zeit.

Und es liegt an jedem von uns selbst,

was er damit anstellt.

(Balthasar Gracián, (†1658)

Man muss der Zeit

Zeit lassen.

(Johannes XXIII)

Es ist ein großes Privileg,

dass wir immer noch Zeit haben.

Zeit ist Verwandlung.

Die Zeit kann man nicht besitzen,

nicht festhalten,

nicht konservieren.

Sie gehört uns nicht.

Le tëmp ne pón nia avëi, nia tigní, nia conservé. Al n'é nia nost.

Wir sind Gast auf Erden. Alles gehört dir für eine beschränkte Zeit.
Das Geheimnis des Lebens heißt: LOSLASSEN
Es ist eine andere Form des Seins.

(Christine Losso: Wahnsinn Leben)

*Nos sun ghesć söla Tera. Döt é nost ma por n cer tëmp. Le socrët
dla vita indere é: LASCÉ IA:
Al é n'atra forma dl ester.*

Schenk mir Zeit

Während unter meinen Füßen
wie Butterbrotpapier das
Herbstlaub
raschelt,
eine Bitte nur.
Schenk mir Zeit:
Zeit zu lieben,
Zeit zu versöhnen,
Zeit zur Ruhe zu kommen,
Zeit mich am Feuer zu wärmen,
und Zeit zu sagen,
was noch zu sagen ist.

Regalami tempo

Mentre sotto i miei piedi si
sente
l´irrequieto fruscio
come carta oleata
dell'erba autunnale,
solo ancora una preghiera:
Regalami tempo.
Tempo di amare,
tempo di fare pace,
tempo di riposarmi,
tempo di riscaldarmi al fuoco
e tempo di dire ciò
che c'è ancora da dire.

Die Uhr

Die Uhrzeiger

beherrschen alles

und ich bin ihr Sklave.

L' orologio

Le lancette

controllano tutto

ed io sono il loro schiavo.

Wer warten kann,

hat die Zeit

auf seiner Seite.

Genug, wann ist genug- genug?

Averne abbastanza di qualcosa

Wenn ich mehr Zeit hätte,
dann würde ich …
Aber wann ist Zeit genug?
Wenn ich mehr Geld hätte,
dann würde ich …
Aber, wann ist Geld –genug?
Ja, wann ist von allem genug???
Wenn ich …

Se avessi più tempo,
allora farei …
Ma quando si ha tempo a sufficienza?
Se avessi più denaro,
allora farei …
Ma quando si ha denaro a sufficienza?
Ma quando si ha abbastanza di qualcosa?
Se io …

Später

Später, mein Kind,
werd ich mit dir
eine Sandburg bauen,
mit dir Tempel- hüpfen,
mit dir lachen, weinen und spielen,
dich in den Schlaf wiegen,

dir Märchen erzählen,
dich umarmen, dich verstehen.
Später ..., mein Kind!
Das Kind wartet und wartet
auf später.
Es fragt immerzu:
Nun, wann ist später?
Dieses Wort, es lässt ihm keine Ruh...
Selbst im Schlaf noch
klingt wie ferne Musik
dieses Wort in ihm nach.
Doch später kommt nicht.

Später? Ein Wort nur?
Es sagt doch so viel.
Später? Ein Klang nur?
Es verspricht doch so viel.
Später?
Ist alles, was man jetzt noch nicht will.
Später?
Es kommt - oder es kommt nie.

Die Zeit fühlt sich manchmal
wie eine Rolltreppe an.
Sie dehnt sich.
Sie steht nie still.

Im Leben gibt es eine Zeit,
in der man gewinnt,
und eine,
in der man verliert.

Das Losungswort heißt:

AKZEPTIEREN!

Ruhende Schafe im Winterwald

(Bild: Ingrid Kirchler, Hobbymalerin, St. Peter in Ahrn/Südtirol)

Zeit

„Nütz die Zeit,

wer weiß, wieviel dir davon übrig bleibt.

Erledige alle Sachen,

die dir Spaß und Freude machen.

Genieß die Zeit mit deinen Freunden,

sie dich anspornen groß zu träumen.

Entdecke alle Schönheiten dieser Welt,

sich so viel Großes in dein Leben gesellt.

Alle Augenblicke, so wertvoll wie die Zeit,

fühlt sich an wie gelebte Ewigkeit.

Alles da, immerzu,

so viel Zeit – Freude pur.“

aus dem Gedichtband von Sarah Volgger
(diplomierte Mentaltrainerin, Künstlerin, Autorin)
hier zwei Unikate aus ihrer Tonwerkstatt.

Dazwischen

In meinen

späten Träumen

suche ich

die **WEGE**.

Die **WEGE**

dazwischen,

die **WEGE**

zwischen der Zeit.

WEGE,

die ich nie

gegangen bin.

Ich finde

sie nicht,

DIE ZWISCHEN-WEGE.

Sie wohnen

hinter mir.

Irgendwo

im Nirgendwo-Land.

Gefühle.

Eingeatmet,

ausgeatmet,

vom Winde verweht.

Für immer.

Im großen Plan
des Lebens
sind wir eingetragen
nur für eine kurze Zeit.
Alles ist gut so,
wie es ist.
Überall, wo Schatten,
gibt es auch Licht.
Auch, wenn wir manchmal hilflos sind.
Wir sind nicht allein-
wohin wir auch gehn.
Alle, die neben dem Schmerz noch das Gute sehn,
ein Licht, eine Hoffnung.
Alle, die es wagen, neue Wege zu gehen,
im täglichen Kampf
noch eine Chance -
und in der Krise
den Hoffnungsschimmer sehn.
Alle sind eingetragen
im großen Plan des Lebens.
Drum vertrau!

„Wir sind Sternenstaub, nichtig und wichtig, winzig und groß, endlich und ewig, völlig banal und unfassbar mysteriös - die Magie des Lebens!" (Rumi, Sufi-Mystiker, †1273)

„Da gibt es kein Messen mit der Zeit. Da gibt es kein Jahr

und zehn Jahre sind nichts.

Künstler sein heißt: nicht

rechnen und nicht zählen.

Reifen wie der Baum, der

seine Säfte nicht drängt

und getrost in den Stürmen

des Frühlings steht ohne

Angst, dass

dahinter kein Sommer

kommen könnte. Er kommt

doch.

Aber er kommt nur zu den

Geduldigen. Geduld ist alles."

*(Bild: Patrizia Schwienbacher, Hobbymalerin, gelernte Konditorin und
praktizierende Altenpflegerin, St. Pankraz in Ulten/Südtirol)*

„Mutter und Kind Symbiose" -

sie ist der Antrieb und die Sehnsucht nach der Vollkommenheit
des Alleinseins.

*(Text und Bild: Eduard Mutschlechner, praktizierender und lehrender
Masseur und freischaffender Künstler)*

„Gäbe es nur eine Wahrheit, könnte man nicht hundert Bilder zu einem Thema malen." (Picasso, †1973)

"Sce al foss ma öna na verité, ne podesson mai s'infidé da depënje cënt cuadri sön un n tema."

Auf dem Scheideweg des Lebens stehen keine Hinweisschilder.
Söles burces dla vita n'él degönes tofles d'indicaziun.

Die Welt ist nicht nur schwarz oder weiß.
Sie ist bunt und niemand liegt immer nur richtig oder falsch.

Üble Nachrede

Einen Kieselstein nur
warfst du
hinein in die Menge.
Der Kieselstein,
er wurde zum Felsbrocken.

Maldicenza

Un ciottolo solo
lanciasti nella folla.
Il ciottolo poi
divenne
un macigno

„Die Zunge hat Leben und Tod in ihrer Macht."

(Lukas 10,19)

Wenn Menschen mit dem Finger auf deine Schwächen zeigen, wollen sie vermutlich nur von ihren eigenen ablenken ...

Veränderung

Ich wage es,
ich selbst zu sein
und nicht der Mensch,
den du haben möchtest.
Ich wage es,
deine Wünsche nicht zu erfüllen,
falls ich mir dabei
selbst untreu werden muss.
Ich wage es,
mich dir zuzumuten,
mit dem,
was dir Mühe machen könnte.
Ich werde mich
immer wieder verändern,
aber nicht so,
wie du mich haben willst,
sondern so,
wie mich mein Weg in die Reife führt.
Ich kann
so wagemutig sein,
weil ich ein tiefes Vertrauen
in die Kraft
der Veränderung habe.

„Zu wagen
verursacht Angst,
nicht zu wagen
bedeutet,
sich selbst zu verlieren."
(Kierkegaard, †1855)

Vorgemacht - nachgemacht

Als Kind wurde dir Vieles vorgemacht

und du hast

alles nachgemacht.

Später hast du

selbst etwas gemacht,

wurdest manchmal ausgelacht.

Heute hast du

schon lange

nichts mehr gemacht

und niemand

hat dich ausgelacht.

Biofarbe

Auf der Oberfläche

des Sees

ziehen Silberfäden

im Mondschein.

Ich

sitze am Ufer

und

träume mich weg.

die Träume wärmen mich.

Eine Woge

ferner Erinnerungen

hüllt mich ein,

wirft Schatten.

Ich fange

sie ein, die silbernen Fäden,

lege sie

auf mein Haupt,

kämme sie ein.

Silberschein mein Haar.

Biofarbe.

Der See

schwimmt davon.

Frei.

Ich bin

Ja, ich bin
nicht perfekt.
Ja, ich mach Fehler,
bin nicht perfekt.
Ich gehe
meinen Weg,
den Weg
bis ans Ziel.
Manchmal geht es
über holprige Pfade
und ich strauchle.
Dann
über breite Wiesen.

Ich verharre an Wegkreuzen
mit seinen vielen Schildern.
Irre mich
und
fühle meine Ohnmacht.
Durchlebe die Süße
und die Bitterkeit des Daseins.
Ich frage mich:
Welchen Lebensweg soll ich einschlagen?
Wohin führt mich der Weg?
Auf den Scheidewegen
des Lebens
stehen nämlich keine Hinweisschilder.
Ich möchte
das Leben spüren,
mein Herz
sprechen lassen
und
Dankbarkeit leben.
Ich werde
meiner inneren Stimme folgen,
bis ich angelangt bin.

Ich gehe

meinem Schicksal entgegen.

Manchmal lachend,

manchmal weinend.

Und immer wieder

haben Regenbogenfarben

die Tage ins Licht getaucht.

*„Reisender, es gibt keinen
Weg, der Weg entsteht beim
Gehen.*

*Beim Gehen entsteht der Weg,
und beim Blick zurück
sieht man den Pfad, den man
niemals mehr betreten wird.
Reisender, es gibt keinen Weg,
der Weg entsteht beim Gehen."*

*(Antonio Machado, andalusischer Dichter, entnommen aus Maktub von
Paulo Coelho)*

Wäre mein Leben ohne Hindernisse, Schwierigkeiten, Herausfor-
derungen, also einfach glatt verlaufen, dann hätte ich mit dem
Schreiben und Malen **wahrscheinlich** nie angefangen. Ich sage
WAHRSCHEINLICH. Genau kann ich es ja nicht wissen, weil ich die-
sen anderen Weg nicht beschritten habe.

Weit weg von allem

was dich

kaputt macht,

dir

deine Energie

raubt,

dich ausgrenzt,

dich atemlos macht,

ins Abseits schiebt,

dir

jedes Selbstwertgefühl raubt,

in dein Privatleben eindringt,

deine Vergangenheit plündert,

dir

nicht erlaubt,

zu sein,

wie du bist …

Weit weg

von allem.

Der Seiltänzer

Er webt

das Zauberband

zwischen Himmel und Erde

und

zwischen den Menschen -

der Seiltänzer.

Eine Handbreit

nur

entfernt

von den Wolken.

Ein Spaziergang

auf dem Seil.

In fließender Bewegung

streifen es

seine Füße,

das Seil.

Einige Minuten nur,

eine kurze Ewigkeit.

Doch lang genug,

um die Gitterstäbe

des Gedankengefängnisses

zu sprengen.

Es gibt
die Dualität
von Gut und Böse.
Wir haben
vom Baum der Erkenntnis
gegessen.

Es gibt
kein richtiges Leben
im Falschen.
Das Feld,
auf dem
das Gute sich schlägt,
kommt
aus der Lichtung
im eigenen Herzen.
Das Böse
in der Welt
ist nichts weiter,
als das Böse,
das
aus unserem Innern
entkommt.

Gebückt
durchs Leben gehen,
nicht
durch das viele Arbeiten
oder
durch einen Unfall.
Nein!
Wir
bücken uns vor Menschen,
weil wir glauben,
sie wären stärker
und besser als wir.
Wir wollen es allen
recht machen
und verlieren
uns dabei selbst.
Uns fehlt oft
der Mut,
klar und offen
zu unseren Überzeugungen
zu stehen.
Deshalb
brauchen wir einen Raum,
einen Ort,
in dem wir uns aufrichten können
und eine Hand,
die uns hält.

*(Bild: Marianne Mair, Hobbymalerin,
Sarns / Südtirol)*

Wer gewinnt?

Keiner gewinnt, wenn es Krieg gibt.

Keiner gewinnt, wenn Gewalt herrscht.

Keiner gewinnt, wenn er Hass

im Herzen trägt.

„Ohne Liebe sind wir nichts.

Die Liebe kennt keine Hindernisse,

keine Krankheiten,

keine Hürden,

keine Tabus.

Die Liebe heilt alle Wunden,

überwindet alle Schmerzen."

(Losso, Christine: Wahnsinn Leben)

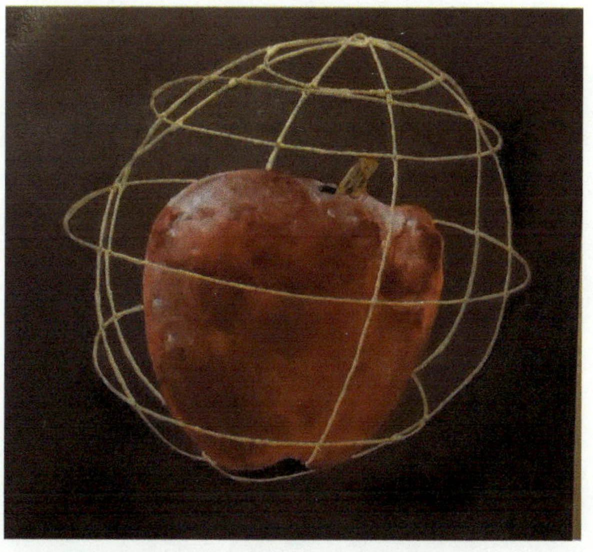

"Zënza amur ne sunse nos nia. L'amur ne conësc degügn impe-
dimënc, degönes maraties, degügn inciamps, degügn tabus.
L'amur varësc dötes les ferides, tëgn fora vigni dolur."

(Fora de Wahnsinn Leben- de Christine Losso)

„Die Liebe ist es, die allem zugrunde liegt.

Nicht nur jene zwischen Mann und Frau,

alles Geschehen in der Natur ist

eine Ausdrucksform dieser Energie."

(Flyer, Unika Gröden)
aus dem Buch "Rückkehr zur Liebe: ein paar einfache Worte für
*Mystiker*innen und Liebende" von Llewellyn Vaughan-Lee*

In diesem Werk betont der Autor die Bedeutung der inneren Reise in Zeiten äußerer Turbulenzen und beschreibt die Liebe als fundamentale Energie, die allem zugrunde liegt und sich in vielfältigen Formen in der Natur ausdrückt.

Liebe

Liebe ist:
eine Gabe,
mit der
wir geboren werden.
Ein Geschenk,
das alles lebendig macht.
Liebe ist:
Umarmung
von Körper und Seele.
Und doch
verlernen wir
im Laufe des Lebens,
was Liebe ist.
Wir suchen sie
und doch
finden wir sie oft nicht.
Wir vergessen
Brücken zu bauen
über trennende Flüsse,
oder
die Hand auszustrecken.
Wir wollen einander besitzen,
einander bevormunden,
anstatt einander
vorbehaltlos zu lieben.

tanzende Peperoni

Glück

Ist Deine Seele, ist Dein Herz glücklich?

Wie oft sagen wir: „Jetzt habe ich wieder einmal Glück gehabt!"
Aber was ist Glück eigentlich? Haben wir das Glück gepachtet, gibt
es ein Recht auf (ewiges) Glück? Wie und wo finde ich es?

Will ich es fangen, entgleitet es
mir, fliegt weg wie der Vogel, der
dem Käfig entkommen ist. Lass ich
es frei, habe ich Angst, dass es
nicht mehr zu mir zurückkehrt.
Glück kann ich nicht fangen, nicht behalten, nicht festhalten. Glück
ist frei. Glück fällt nicht vom Himmel. Die Glückstür öffnet sich nicht
automatisch, nur, weil wir denken, Glück stünde uns zu. Glücksfaktoren sind immer auch individuell und nicht immer ist uns bewusst,
was uns wirklich glücklich macht. Manchmal stolpert man einfach
ins Glück hinein. Helle Schwingungen, die man auffängt, oder ein
paar kurze, gemeinsame, stille Sekunden, ein unerwarteter Sonnenstrahl zwischen den Tiefpunkten. Das alles kann unser Seelenleben glücklich machen. Vielleicht ist auch Dankbarkeit die Basis
zum Glücklichsein.

*„Glück passiert. Und es passiert nicht, indem wir Bücher lesen, die
uns das versprechen." (Reinhold Messner)*

Aber wie lange dauert das Glück?
Eine Sekunde, eine Minute, eine Stunde lang?
Einen Tag, einen Monat, ein Jahr lang?
Nein! Glück kann man nicht in Zeitspannen messen. Es ist die Kostbarkeit eines Augenblicks, ist ein Moment, der nicht ewig währt. Es
ist Seelenerholung, ist Seelennahrung. Das tatsächliche Glück findet man ganz unerwartet im Alltag. Es sind stille, unaufgeregte Momente auf dem Weg zu unseren Träumen, zu unserem Ziel.

Einen Wimpernschlag lang verspüre ich vielleicht Glück. Dann sprengt es Fesseln und macht sich frei. Glück hängt am Magnolienbaum direkt vor meinem Fenster, am Fensterherz in der Küche, es sitzt in der Frühstückstasse, hüpft auf der Terrasse herum, mischt sich unter tanzende Regenschirme. Ich fühl es im Windhauch, der durch die Bäume zieht und mir sanfte Weisen zuflüstert. Glück blitzt frech aus den Gesichtern der Menschen, mischt sich in Kinderlachen, ist hinter mir her, kitzelt meine Zehen, äfft meinen Gang nach. Selbst im Unbequemen entdecke ich noch ein Quäntchen Glück. Wenn der Sonnenstrahl durch das offene Fenster ins Schlafzimmer fällt, winkt mir das Glück zu. Ein Schmetterling, der sich auf meine Hand verirrt, zaubert ein Lächeln auf mein Gesicht, versüßt meinen Alltag. Das ist auch ein unverfälschter Glücksmoment. Die Aussage eines jungen Paares anlässlich der Geburt des eigenen Kindes: *„Großes Glück kann so klein sein"* – treffender kann ein Glücksgefühl nicht ausgedrückt werden, oder?

Wenn ich verspüre, dass ich angekommen bin, dass ich dazugehören darf, wenn ich das Gefühl habe, richtig sein zu können, so wie ich bin und mich für das, was ich bin und mache, nicht verstecken muss, dann könnte ich glücklicher nicht sein. Dieser Glücksmoment gleicht einem Zauber, der meine Seele berührt, der mein Herz mit Freude flutet.

Auch einmal allein sein, kann mich glücklich stimmen. Die Zeit mit mir selbst im höchsten Maße genießen, die innere, angenehme Stille zu spüren, sie zu fühlen, mich mit ihr zu verbinden und sie auf mich aufmerksam zu machen, gibt mir ein Gefühl von Wärme und Glück.

Das Flimmern der Sterne, der Vogelgesang, das Erwachen der Natur, der frische, betörende Duft des Grases, der in der Luft liegt, wenn uns die Gesundheit nicht verlässt, oder wenn Menschen sich in schwierigen Situationen beistehen, auch das stimmt mich glücklich. Auch Schönheit, Frieden, Harmonie, Dankbarkeit, und

Freundschaft sind Dominosteine des Glücks, sind Glücksmomente im Leben. Glück ist jetzt, ist nicht Ewigkeit, ist nicht von Dauer. Glück kommt, Glück geht, Glück fließt weiter und kehrt wieder zurück, wenn man es verschenkt. *„Das Glück mag vergehen, und es lässt sich nicht festhalten. Wenn ein Glück geht, kommt ein neues … Nicht sofort vielleicht, aber irgendwann …"*
(Pelt, Luise: Die Halbwertszeit von Glück)

Glück ist ein kostbares Lebensvitamin, ein Wohlgefühl, das unsere Gesundheit stärkt. Glück ist wie ein Mantel, der uns umhüllt und schützt. Glück gleicht einer Lichterkette, die um den ganzen Erdball reicht. Glück fühlt sich an wie Champagner, ist wie Sonnenschein, wie Tau und Regen. Ich atme Glück ein, atme es aus, ich gebe es weiter.

Ich wünsche allen Gesundheit und so viel Glück wie nötig, vor allem aber die Fähigkeit, Glück zu verschenken. *„Das Glück deines Lebens hängt ab von der Beschaffenheit deiner Gedanken."* (Marc Aurel, †180 n.Chr.) *Klaus Peter Römer* schreibt Folgendes:

„Es gibt in meinem Leben viele Momente, wo ich sagen kann, da habe ich Glück gehabt oder da fühlte ich mich besonders glücklich. Im Sommer 2022 hatte ich meinen kleinen Herzinfarkt und ich habe großes Glück gehabt, dass wir es so schnell erkannt haben und gleich die richtigen Maßnahmen getroffen worden sind. Glück spielt in unserem Leben eine große Rolle und ist auch wichtig für unsere Entwicklung und ein glücklicher Mensch ist auch ein zufriedener Mensch oder umgekehrt. So bin ich ein positiv denkender Mensch und kann mich an den Kleinigkeiten des Lebens erfreuen, und das ist auch eine Frage des Glücks."

Gedanken

fliegen

über Berge

Wiesen, Wälder, Seen,

durchbrechen die grau-rosa Wolkenschicht

Gedankenkarussell

Kinder der Erde

Ihr da, Kinder der Erde,
was wären wir ohne euch?
Ihr seid die Sonne, die Sterne, der Mond.
Ihr seid der Regen,
der Wind,
das Salz,
die Erde.
Ihr seid das Leben.
Ihr schenkt uns euer Lachen,
eure Träume,
eure Unbeschwertheit.
Aus den Tiefen eurer Augen
strahlt das Licht.
Ihr lehrt uns Dankbarkeit.
Oft stellt ihr alles in Frage,
seid wie ein Erdbeben.
Es wird nie langweilig mit euch.
Ihr fordert uns heraus,
haltet uns einen Spiegel vor die Augen,
seid unsere besten Lehrer.
Durch euch lernen wir unsere Stärken,
aber auch unsere Schwächen besser kennen.
Wenn ihr erwachsen seid,
zeigt ihr uns, wo es für euch langgeht
und dass ihr euren eigenen Weg gehen wollt.
Dies zu verstehen und zu akzeptieren
ist nicht immer leicht für uns.
Es ist nur unsere Aufgabe
euch auf eurem Weg zu begleiten,
euch aufzufangen, zu tragen
euch zu unterstützen,
euch in euren Ängsten, Sorgen, Entscheidungen
nicht allein zu lassen.

Euch Wurzeln, Schutz, Wärme und Geborgenheit zu geben,
aber auch euch freizugeben und loszulassen.
Das Wichtigste aber von allem ist,
euch zu lieben und anzunehmen
so wie ihr seid.

Danke, dass es euch gibt.

(Bild: Jonas Aschbacher, 5. Klasse Grundschule, Mühlbach/Südtirol)

Träume

Träume sind Botschaften
sind Verschlüsselungen,
sind Erinnerungen
vergangener Zeiten.
Sie
werden lebendig in der Gegenwart
und begleiten uns
in die Zukunft.
Träume sind die Sprache
unserer Seele.
Sie
hinterlassen Mitteilungen
oder auch nicht.
Träume
nehmen uns
ganz behutsam
an der Hand
und lenken uns
in die
Wirklichkeit.
Sie kommen
überraschend,
unvorbereitet,
sind nicht
zu kontrollieren.
Manchmal verschwinden sie
spurlos
im Nebel,
platzieren sich
in geheimen Archiven.
Und niemand
besitzt
den Schlüssel dazu.

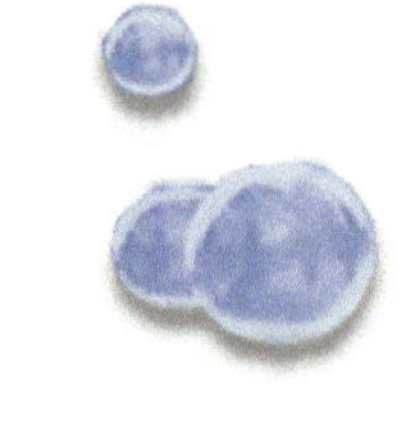

Wer hat sie nicht,
die Sehnsüchte, Wünsche,
Träume und Hoffnungen?
Sie brennen uns auf der Seele
und warten nur darauf
in uns lebendig werden zu dürfen.

Es ist schön, Wünsche, Träume und Hoffnungen zu haben, um daraus etwas Neues gestalten zu können. Träume sind wie ein Gebet, wie eine Bitte.

Al é bel da d'avëi dejiders, somi y speranzes por podëi fá adinfora valch de nü. Somi é sciöche na oraziun, sciöche n plajëi.

Das Wort

Was ist ein Wort schon?

Es ist eine Kraft,
ist eine Macht.
Man kann sich an ihm wärmen.
Ein Wort kann ein Lächeln
in die Gesichter zaubern.
Es ist Träger der Freiheit
und der Auflehnung.
Es ist ein Tor,
ein Schlüssel zum Öffnen,
ein Schlüssel zum Schließen,
ein Schlüssel der ins Nirgendwo führt.

Ein gutes Wort
kann wie
eine warme Umarmung sein.
Es stillt die Blutung.
Es kann Brücken bauen,
aber auch einreißen.
Es ist wie ein Stein,
der ins Wasser fällt
und Wellenkreise zieht.
Worte sind wie Asche
und die Splitter der Wahrheit,
die darin aufblitzen
sind die Linsen,
die man herausfischen muss.

Ein Wort, auf die Goldwaage
der persönlichen Eitelkeit genommen,
kann Verletzung bedeuten.

Ein Wort kann ein Suchen bedeuten,
ein Suchen
nach äußerer Stille,
um die eigenen Gedanken zu hören, zu ordnen
und sie in Worte zu fassen.
Es ist ein Herausholen
aus der Dürre und Hoffnungslosigkeit.
Es ist eine Waffe.
Abgeschossen wie ein Pfeil
bleibt es in den Ohren hängen,
wie schockgefrostet,
ist nicht mehr zurückholbar,
hinterlässt Narben und Spuren,
unauslöschlich.
Es kann das Böse erwecken,
ihm Wesen, Gestalt und Leben verleihen.
Mit Worten kann ich mich mitteilen.
Worte sind das Gegenteil von Schweigen.
Sogar Schweigen kann eine eigene Sprache, ein Wort sein.
Schweigen kann uns in manchen Zeiten zum Komplizen des Un-
rechts machen.
Wie ein halb abgewandter Spiegel,
der unsere Gedanken beinhaltet,
so kann ein Wort sein.

Was ist ein Wort im Gedicht?
Ein Zeugnis für die Ewigkeit?
Ein vollendetes Werk? Diese Sekunde ... dieser Zauber ...
In Dauerhaftigkeit,
in Schönheit,
in Zeitlosigkeit,
in Vollkommenheit
verwandelt.

Pfiet-di! Grieß-di!

Behüte dich Gott!
Pass af di au!
Tschüss?
Das Wort **Tschüss** war früher ganz unbekannt,
mit *Pfiet-di* verabschiedete man sich hier zu Land.
Grieß-di und *Pfiet-di*, so war es Brauch,
vielleicht erinnerst du dich an diese Zeiten auch?
Grieß-di, Grüß Gott, schön dich zu sehn,
Pfiet-di, **sei behütet, pass af di au**, ich muss jetzt wieder
gehn.
Die Kraft dieser Worte hat man wohl erkannt,
gestärkt ging man weiter und gab sich die Hand.
Heut heißt es jedoch: ***tschüss, servus*** oder ***ciao***,
den Sinn dieser Worte kenn ich nicht so genau.
Drum möcht ich mich lieber dem *Pfiet-di* zuwenden
und euch mit dem Gedichtl eine Denkschrift senden.
Pfiet enk, behüte und beschütze euch Gott, passt af enk au, alle
miteinander,
solange wir hier auf diesem Erdenball wandern.
Wenn wir uns von Menschen verabschieden,
könnten wir daran denken, welch tiefsinnige, beschützende Be-
deutung die Wörter
Pfiet-di und *Grieß-di*
haben.

Quando salutiamo le persone consapevolmente, ci rendiamo conto, che
bel significato profondo e protettivo possono avere le parole:
Grieß di - Grieß di Gott e Pfiet di - Pfiet di Gott
Che il saluto divino ti protegga.

Impormó canch' i saludun les porsones cun intenziun, odunse ci signifi-
cat tan sot y tan protetif che les parores pó avëi:
Bun de! Che Idî te benedësces!

„Ich habe unermesslich mehr empfangen, als ich geben konnte, all meine guten Einfälle und meine guten Ideen, meine guten Entscheidungen und Taten sind mir geschenkt, aus Gnade ermöglicht. Und selbst wo ich mich falsch entschieden und böse gehandelt habe, hast du mich unsichtbar geleitet. Um Vergebung bitte ich für alles, worin ich gefehlt habe."

(Küng, Hans: Erlebte Menschlichkeit)

„Jeden Tag erinnere ich mich hundert Mal am Tag, dass mein inneres und äußeres Leben von der Arbeit anderer, lebender und bereits verstorbener Menschen abhängt und dass ich mich bemühen muss im gleichen Maße zu geben, wie ich empfangen habe und immer noch empfange."

(Albert Einstein)

Ein Traum,

ein Wunsch,

ging in Erfüllung!

Mein 3. Lyrikband ist da!

Es war ein inniger Wunsch von mir,

ein Traum, gehegt, gepflegt und mit viel Energie genährt.

Nun ist er Wirklichkeit geworden, mein Traum.

Ich danke dafür:

Allen, die mir beigestanden haben,

allen sichtbaren und unsichtbaren Wesen,

allen, die an mich geglaubt haben.

Danke

Ich bin in meinem Leben reich beschenkt worden.

Die Vorbereitung zu diesem Buch begann vor vielen Jahren. Ich schrieb und schrieb. Dann legte ich die Texte in einer Schublade ab, dort verstaubten sie, schliefen ein und wollten nicht mehr geweckt werden. Und obwohl mich mein „ICH" immer wieder mahnte und erinnerte, ihnen endlich einmal Leben einzuhauchen, hinderte mich mein innerer Schweinehund, meine „Wellnessberaterin" (Eva Wlodarek) daran. Sie, die Wellnessberaterin, wollte mich, solide ausgedrückt, vor diesem Stress und der vielen Arbeit, die damit verbunden waren, schützen. Es gab immer etwas Wichtigeres zu tun und Ausreden hatte ich genügend parat. Es glich oft einer Lähmung, einer Starre, die sich in mir ausbreiteten und aus denen ich mich nicht zu befreien vermochte. Als ob eine fremde Energie sich in meinen Körper geschlichen, sich meiner bemächtigt und mich träge und willenlos gemacht hätte, so fühlte es sich an. Doch mir war auch bewusst: Wenn ich diesem meinem inneren Schweinehund das Feld überlasse, dann komme ich wirklich nicht vom Fleck, nicht ans Ziel. Die lähmende, geistige Ruhepause, der Leerlauf in meinem Gehirn, sie regten meine Kreativität nicht an. Ich war, gelinde ausgedrückt, inaktiv, träge geworden. Doch, mich entmutigen lassen war auch keine Option für mich. Ich wollte mir ja meinen Traum, meinen Wunsch, einen dritten Lyrikband zu veröffentlichen, nur allzu gern erfüllen. Aber wünschen, ohne zu handeln, führt nicht ans Ziel, führt nicht zum Erfolg. Also fragte ich mich: Wenn nicht jetzt, wann dann?

Und so habe ich mich auf die Reise gemacht, mit neuen Ideen, einer Menge Inspirationen und guten Vorsätzen im Gepäck.

Bekanntlich beginnt ja jeder Weg, den man wählt, mit einem ersten Schritt, (Laotse) dem viele weitere folgen.

Ich zögerte also nicht mehr lange und setzte den ersten Schritt. Ich begann die Schublade zu öffnen, holte endlich die verschlafenen, zerknitterten Texte in meine Hände und begann zu arbeiten, zu feilen, zu korrigieren. Im Laufe der Jahre habe auch ich mich weiterentwickelt, mich gedanklich und mental verändert, mich neu erfunden und so galt es die alten Texte teilweise zu überschreiben und sie dem Heute, der aktuellen Situation anzupassen.

Es gab aber trotz aller Freude, die ich bei der Arbeit verspürte, immer wieder Rückschläge und an manchen Tagen kam ich mit dem Schreiben einfach nicht voran, kam nicht vom Fleck. Frustrierend! Mir war klar, wieviel Arbeit es mir bedeutete, dieses Buch zu schreiben. Es war, als hätte sich alles gegen mich verschworen und ich fand gar manchmal keinen Sinn mehr bei allem. Ich fragte mich: Warum, wieso, wozu und für wen all das? Was bringt es mir? Ich fühlte mich ohne Motivation, ohne Energie, kraftlos. Aber es gab immer wieder Zeichen, weiterzumachen. In Situationen, in denen ich nicht weiterkam, wandte ich mich an meinen „Seelenengel" und fragte ihn um Rat und um Hilfe. Das machte ich öfters. Ich bat ihn dringendst um einen „Motivationsespresso" (Eva Wlodarek), der mir dann zum Glück auch gewährt wurde.

Aber! Wenn man vom Feuer des Eifers gepackt wird, macht man oft gerne den Fehler, ungeduldig an die Arbeit heranzugehen, weil man ja so schnell wie möglich ans Resultat will. Das kennst du sicher auch! Ich wollte jedoch alle Hektik vermeiden, denn das hätte mir zu viel Energie gekostet und ich wäre auf dem Weg zum Ziel vorzeitig ermüdet. Ich nahm mir also vor, einen Schritt vor den anderen zu setzen, Pausen einzulegen und die Zeit für mich arbeiten zu lassen, immer im Fokus, mir meinen Traum zu erfüllen. „Geduld ist alles", so Rainer Maria Rilke. Was mir noch wichtig war: Nur ein paar Personen waren in mein Vorhaben eingeweiht und zwar nur diejenigen, die mir auf dem

Weg zum Buch Hilfe geleistet haben. Ich wollte den Samen, den ich gesät hatte, nicht mit „falschem Dünger" nähren.

Während ich also fleißig an meinem Lyrikband arbeitete, kamen mir immer wieder neue Ideen in den Sinn und mir fiel auf, dass ein Buch, eine Geschichte, eigentlich nie ganz zu Ende geschrieben ist. Immer wieder gab es da und dort etwas dazuzuschreiben oder zu ergänzen. Aber irgendwann musste ich ja die Reißleine ziehen und den Kreis schließen. Auch manche Lebensgeschichten lassen sich nie ganz schließen, da bin ich mir ganz sicher. Ein Teil des Kreises bleibt oft offen, ungelöst, solange wir leben, aus welchem Grund auch immer.

Beim Gestalten dieses Buches war es mir ein besonderes Anliegen, einige Texte sowohl in die italienische als auch in die ladinische Sprache zu übersetzen. Ich wollte ein Zeichen setzen und ganz bewusst darauf aufmerksam machen, welches Glück ich habe, in Südtirol geboren zu sein und hier leben zu dürfen. In einem Land, in dem drei Sprachgruppen das Miteinander in Respekt und Wertschätzung leben und davon profitieren. Eine große Bereicherung und ein großes Geschenk, für alle.

An dieser Stelle möchte ich *Frau Gabriella Biolzi,* Italienisch Lehrerin, danken, dass sie sich bereit erklärt hat, die italienische Übersetzung zu übernehmen und *Herrn Giovanni Mischí,* Lehrbeauftragter an der Universität Brixen und Autor des Wörterbuches Deutsch-Ladin und Ladin-Deutsch ganz herzlich für die Übersetzung ins Ladinische.

Vielen, vielen Dank euch beiden für diesen wertvollen Beitrag zu meinem Buch.

Anna Maria Seehauser, Fachlehrerin für literarische Fächer an der Michael Pacher Schule in Brixen und *Klaus Peter Römer,* Rektor der Friedrich Junge Schule in Kiel, haben mir das *Vorwort,* den Text *Glück* und *Danke* lektoriert.

Tausend Dank für die Zeit und die Geduld!

Ein besonderer Dank geht an *Gabi Winck*, Lehrerin an der Michael Pacher Schule in Brixen und Ultra-Radfahrerin, (sie radelt fast um die halbe Welt) für das Layout und Design, für ihre Ideen und Vorschläge, für die Zeit und die Geduld. Ich habe ihr lediglich den Faden, den Webstuhl und die Vorlage gegeben und sie hat daraus **GOLD** gewoben. DANKE, liebe Gabi!!

Bedanken möchte ich mich auch bei *Luisa Kirchler/Engl*, bei *Marianne Mair*, bei *Patrizia Schwienbacher*, bei *Jonas Aschbacher*, Sarah Volgger und bei *Eduard Mutschlechner* für ihre wertvollen Beiträge zu diesem Buch. Ihr habt dem Ganzen noch eine zusätzliche feine Note verliehen, habt mich inspiriert und ermutigt weiterzumachen. Vergelt´s Gott! Wenn etwas gelingt, dann geschieht es normalerweise auch und ganz besonders durch die Unterstützung von anderen.

Losgelöst.

Ich atme
die Hektik des Alltags
aus
und hänge sie
in die Wolken.
Der Wind
trägt sie
fort,
weit fort.
Ich fange
die Stille und Ruhe
des Augenblicks
ein.

Sie fluten
meinen Körper
und
meine Seele
mit wohliger Wärme.
Ruhe.
Stille.
Ewigkeit.
Angekommen.

Losgelöst.

In der griechischen Mythologie ist Morpheus ein Gott des Traumes. Er war einer der Söhne des Hypnos, dem Gott des Schlafes. Unter seiner Führung trat er gemeinsam mit seinen zwei Brüdern, Phantasos und Phobetor in den Träumen der Menschen in Erscheinung, um ihnen Botschaften der Götter zu übermitteln.

„Es gibt ein erfülltes Leben trotz vieler unerfüllter Wünsche."
(Dietrich Bonhoeffer)

„Nenne dich nicht arm, weil deine Träume nicht in Erfüllung gegangen sind; wirklich arm ist nur, der nie geträumt hat. „
(Marie von Ebner Eschenbach)

„Ich habe einen Traum."
(Martin Luther King)

„Stell dir vor, dass alle Menschen ihr Leben in Frieden leben. Du wirst sagen ich bin ein Träumer, aber ich bin nicht der Einzige. Ich hoffe, dass du dich uns eines Tages anschließt und die Welt wird Eins sein."
(John Lennon)

Anna Bacher Graf ist in St. Johann
im Ahrntal (Südtirol) geboren, be-
suchte die Lehrerbildungsanstalt in
Meran, übte den Beruf als Grund-
schullehrerin aus und unterrichtete
dabei an verschiedenen Schulen
des Landes. Sie hat ihren Lebens-
mittelpunkt in Vals/ Mühlbach/
Brixen.
Malen und Schreiben verschaffen
ihr einen gedanklichen Freiraum.

„Drei Träume" ist ihr siebtes literarisches Werk.

Erschienen sind folgende Bücher:

Über den Wolken (Lyrik),

Nur einen Sommer lang (Lyrik)

Seiltanz der Worte (Gemeinschaftswerk verschiedener Autoren)

Künstler Wald (Lyrik)

Die Zauberkreide (Kinderbuch)

Tobias, die rote Schultasche und der Müllmann (Kinderbuch)

Worte und Bilder in diesem Werk entspringen derselben Feder:
Die Autorin selbst hat – sofern nicht anders angegeben – nicht
nur die Texte verfasst, sondern auch die Kunstwerke geschaffen
und vereint so ihre Leidenschaft für Schreiben und Kunst.

Literaturverzeichnis

- Coelho, Paulo: Maktub, Diogenes Verlag, 2024
- Küng, Hans: Erlebte Menschlichkeit, Piper Verlag, 2014, S.702f
- Lobis Ploner, Barbara: Bergbäuerin Barbara denkt - fühlt - handelt anders, Weger Verlag, 2021
- Losso, Christine: Wahnsinn Leben, Athesia Verlag, 2013
- Pelt, Luise: Die Halbwertszeit von Glück, Lübbe-Verlag, 2024, S64
- Terzani, Tiziano: Fliegen ohne Flügel, Spiegel-Buchverlag, 1996
- Volgger, Sahra: Weil jeder Gedanke spricht, schreib ich für Dich mein schönstes Gedicht, Verlag Tintenherz, 2022, S.14

- Aurel, Marc: https://www.geo.de/wissen/gesundheit/10-leitsaetze-fuer-ein-glueckliches-leben-von-marc-aurel--34796112.html, 10.01.25
- Bonhoeffer, Dietrich: https://www.dietrich-bonhoeffer.net/zitat/276-es-gibt-erfuelltes-leben-tro/, letzter Zugriff, 07.01.2025
- Browning, Robert: https://www.aphorismen.de/zitat/23225
- Ebner-Eschenbach: https://www.aphorismen.de/zitat/1516, 07.01.25
- Freud, Sigmund: https://www.zeit.de/zeit-magazin/2014/38/sigmund-freud-psychoanalyse-traumdeutung-stefan-klein, 07.01.25
- Frisch, Max: https://textlab.hypotheses.org/2523, 07.01.25
- Gracián, Balthasar: https://www.die-allgaeuseiten.de/Z-SD-Gedanken/948.html, 07.01.25
- Jonèsco, Eugenie: https://zitate.woxikon.de/fantasie/735-eugene-ionesco-die-freiheit-der-phantasie-ist-keine-flucht-in-das-unwirkliche-sie-ist-kuehnheit-und-erfindung, 07.01.25
- Kalil, Gibran: https://www.zgedichte.de/gedichte/khalil-gibran/der-fruehling.html, 07.01.25
- Kierkegaard, Søren: https://www.deutschlandfunkkultur.de/emotional-auf-wuehlend-100.html, 07.01.25

- Lenon, John: https://www.zitate7.de/13310/Stell-dir-vor-dass-alle-Menschen.html, 07.01.25
- - Llewellyn, Vaughan Lee: https://mystikaktuell.wordpress.com/tag/ruckkehr-zur-liebe-ein-paar-einfache-worte-fur-mystikerinnen-und-liebende/
- Maffay, Peter: https://www.radioeins.de/programm/sendungen/der_schoene_morgen/denkpause/20240830.html, letzter Zugriff, 07.01.2025
- Meir, Golda: https://www.zitate.eu/autor/golda-meir-zitate; letzter Zugriff, 09.01.2025
- Messsner, Reinhold: https://sz-magazin.sueddeutsche.de/sport/bergsteiger-reinhold-messner-interview-sohn-87633?reduced=true, 07.01.25
- Picasso, Pablo: http://www.kunstzitate.de/bildendekunst/kuenstlerueber-kunst/picasso_pablo.htm, 07.01.25
- Psalm 104: https://www.bibleserver.com/de/verse/Psalm104,14, 07.01.25
- Rilke, Rainer Maria: https://www.rilke.de/briefe/230403.htm
- Rumi: https://domicilium.de/zen-spiritualitaet-bildung/richard-stiegler-achtsames-leben-das-heilige-in-jedem-grashalm/, 07.01.25
- Tolstoi: www.aphorismen.de/zitat/203737, 10.01.25

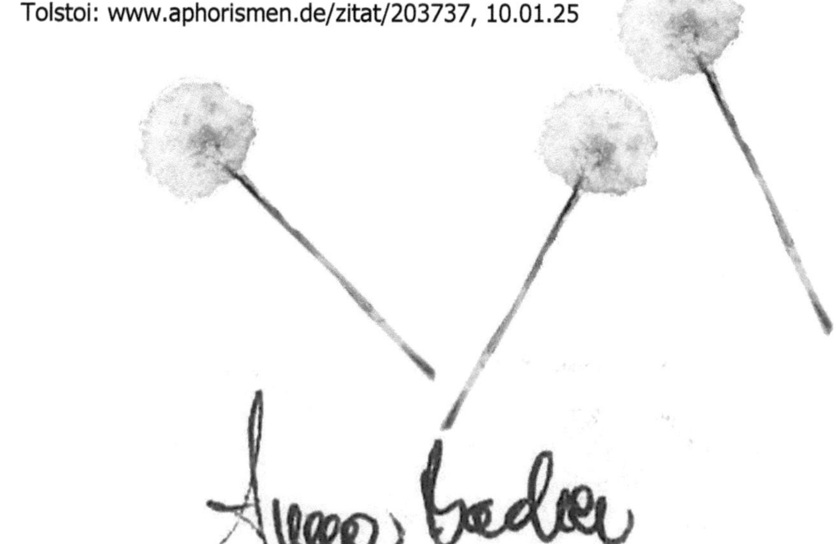